BEI GRIN MACHT SICH IHR WISSEN BEZAHLT

AF151318

- Wir veröffentlichen Ihre Hausarbeit,
  Bachelor- und Masterarbeit

- Ihr eigenes eBook und Buch -
  weltweit in allen wichtigen Shops

- Verdienen Sie an jedem Verkauf

Jetzt bei www.GRIN.com hochladen und kostenlos publizieren

Anastasia Castillo

Erziehung nach Auschwitz: Adornos negative Pädagogik

GRIN Verlag

Bibliografische Information der Deutschen Nationalbibliothek:

Die Deutsche Bibliothek verzeichnet diese Publikation in der Deutschen National-
bibliografie; detaillierte bibliografische Daten sind im Internet über http://dnb.d-
nb.de/ abrufbar.

Impressum:

Copyright © 2005 GRIN Verlag, Open Publishing GmbH
Druck und Bindung: Books on Demand GmbH, Norderstedt Germany
ISBN: 978-3-640-68700-8

Dieses Buch bei GRIN:

http://www.grin.com/de/e-book/156565/erziehung-nach-auschwitz-adornos-nega-
tive-paedagogik

GRIN - Your knowledge has value

Der GRIN Verlag publiziert seit 1998 wissenschaftliche Arbeiten von Studenten, Hochschullehrern und anderen Akademikern als eBook und gedrucktes Buch. Die Verlagswebsite www.grin.com ist die ideale Plattform zur Veröffentlichung von Hausarbeiten, Abschlussarbeiten, wissenschaftlichen Aufsätzen, Dissertationen und Fachbüchern.

Besuchen Sie uns im Internet:

http://www.grin.com/

http://www.facebook.com/grincom

http://www.twitter.com/grin_com

Westfälische Wilhelms – Universität Münster

Institut für Soziologie
WS 2005/2006
Seminar: Zur Soziologie Th. W. Adornos

Ausarbeitung zum Thema:

Erziehung nach Auschwitz:

Adornos negative Pädagogik

Inhaltverzeichnis:

1. Einleitung

Die vorliegende Ausarbeitung[1] beruht auf dem Referat „Erziehung nach Auschwitz: Adornos negative Pädagogik". Im Folgenden wird Adornos These, Erziehung müsse so gestaltet werden, dass sich Auschwitz nicht wiederholt, näher erörtert. Hierfür wird zuerst dargestellt, welcher Zusammenhang nach Adorno zwischen Barbarei und Auschwitz besteht. Im nächsten Schritt wird erklärt, was Adorno unter dem „Manipulativen Charakter" und der „Wendung auf das Subjekt" versteht.

2. Auschwitz als Barbarei

Mit dem Satz, „Die Forderung, dass Auschwitz nicht noch einmal sei, ist die allererste an Erziehung", beginnt Adorno seinen Vortrag „Erziehung nach Auschwitz". Angesichts der in Auschwitz begangenen Grausamkeiten scheint es ihm entbehrlich diese Forderung zu begründen. Laut Adorno ist Auschwitz nicht ausreichend in das Bewusstsein der Menschen eingedrungen. Er führt es darauf zurück, dass die Menschen sich mit dem Geschehenen in Auschwitz zu wenig auseinander setzen. Daher besteht die Möglichkeit, dass sich Auschwitz wiederholen könnte. Um dem entgegen zu wirken, müsste nach Adorno die Bildung der Gesellschaft und vor allem die Erziehung der Menschen neu gestaltet werden. Adorno kritisiert die traditionelle Erfassung des Bildungsbegriffs. Er ist gegen die einseitige Wertevermittlung von Erziehenden, die wiederum ein Bestandteil der traditionellen Gesellschaft ist. Erziehung dürfte keine direkten Werte vermitteln. Stattdessen müssen Menschen lernen, frei denken zu können. Erst dieses freie Denken gewährleistet, dass die Menschen nicht bedenkenlos die Welt so nehmen, wie sie ist. Daher lautet die Forderung, wie sie Karl Brose in seinem Beitrag ‚Erziehung zu Frieden und Mündigkeit' formuliert hat: „Habe Mut, dich deines eigenen Verstandes zu bedienen!" (vgl. Brose, S. 1).

---

[1] Mit der Ausarbeitung wird bezweckt, die grundlegende Sichtweise Adornos zu Auschwitz anhand seiner Beiträge wieder zu geben. Im fortlaufenden Text werden daher nur die Aussagen Adornos als Zitat gekennzeichnet, die besonders hervorgehoben werden sollen.

Adorno bestimmt als primäres Ziel der Erziehung die Verhinderung von einem weiteren Auschwitz. Daher müssen nach Adorno die Bedingungen ermittelt werden, die zu dem Geschehen in Auschwitz geführt haben. Hierfür muss die gesellschaftliche Situation betrachtet werden, die damals gegeben war. Denn die Auseinandersetzung mit der damaligen gesellschaftlichen Lage lässt erkennen, welche Gründe Auschwitz ermöglicht haben. Diese Einsicht befähigt die Menschen der Nachgeneration ihre eigene gesellschaftliche Situation näher zu betrachten und gegebenenfalls verändern zu müssen, um die Wiederholung von Auschwitz zu verhindern. Laut Adorno haben nämlich die damaligen gesellschaftlichen Verhältnisse erst dazu geführt, dass Auschwitz, welches er als Rückfall in die Barbarei kennzeichnet, möglich wurde. Er ist Freuds Meinung, dass die Zivilisation ihrerseits das Antizivilisatorische hervorbringt und es sogar verstärkt. Da mit der zunehmenden Zivilisation auch der gesellschaftliche Druck wächst, fühlen sich die Menschen in einer Welt, die einem mehr und mehr vorschreibt, was zu machen ist, eingesperrt. Je stärker der Druck wird, desto mehr versucht der Mensch, dem zu entfliehen. Der gesellschaftliche Druck, oder anders ausgedrückt der Druck ‚des herrschenden Allgemeinen' (vgl. Adorno 1:1971, S. 91), verfolgt alles, was sich als Besonderes oder Einzigartiges und damit Nicht-Kollektives ausweist. Das Ganze verursacht eine ‚latente Wut' (vgl. Ahrens, 1998, S. 46), die unkontrollierbar und gewalttätig gegen die Zivilisation ausbricht. Die Wut setzt Energien frei, die zum Rückfall in die Barbarei führen können. Dies zeigt, dass Zivilisation und Barbarei eng miteinander verbunden sind und sich somit auch nicht trennen lassen. Diese Barbarei zu beseitigen ist das Entscheidende, so Adorno, sonst kommt die ganze Menschheit dazu, dass:

„ [...] im Zustand der höchstentwickelten technischen Zivilisation die Menschen in einer merkwürdig ungeformten Weise hinter ihrer eigenen Zivilisation [zurückbleiben] – nicht nur, dass sie in ihrer überwältigenden Mehrheit nicht die Formung erfahren haben, die dem Begriff der Zivilisation entspricht, sondern dass sie erfüllt sind von einem primitiven Angriffswillen, einem primitiven Hass oder, wie man das gebildet nennt, Destruktionstrieb, der noch das Seine dazu beiträgt, die Gefahr zu steigern, dass diese ganze Zivilisation , wozu sie von sich aus schon tendiert, in die Luft geht" (vgl. Adorno 2:1971, S. 120).

Um den Rückfall zu verhindern, darf sich die Gesellschaft nicht davor drücken, die wahren Ursachen des in Auschwitz Geschehenen zu erkennen und sich diese bewusst zu machen. Dass, was geschehen ist, war kein Zufall, sondern „dass es sich ereignete, ist selbst Ausdruck einer überaus mächtigen gesellschaftlichen Tendenz" (vgl. Adorno

1:1971, S. 89). Die Erziehung muss deutlich machen, dass die Kräfte, die Völkermord verursachen und gegen die angegangen werden muss, die bewegenden Kräfte der Weltgeschichte sind. Erziehung nach Auschwitz, so Adorno, ist die Friedenserziehung mit dem Ausgangspunkt Erziehung zu Mündigkeit. Diese Erziehung zu Frieden und Mündigkeit heißt also die Wiederholung einer ähnlichen Katastrophe wie der von Auschwitz zu vermeiden.

Da die meisten ‚Quälgeister des Konzentrationslagers' (vgl. Adorno 1:1971, S. 93) jüngere Bauernsöhne waren, macht Adorno darauf aufmerksam, dass eine der Bedingungen der Entstehung von Barbarei die kulturelle Differenz zwischen Stadt und Land ist. Durch den Informationsmangel ist auf dem Land die Entbarbarisierung am wenigsten gelungen. Eins der Bildungsziele ist für Adorno die gefährlichen Bildungslücken der Bevölkerung auf dem Land auszufüllen. Dies kann zum einen durch Freiwillige in mobilen Erziehungsgruppen oder zum anderen durch speziell an die Landbevölkerung gerichtete aufklärende Fernsehsendungen geschehen.

3. Manipulativer Charakter

Die Menschen, die sich in ein Kollektiv einordnen, behandeln sich und auch die Anderen als ‚amorphe Masse'(vgl. Adorno 1:1971, S. 97) – diese Menschen bezeichnet Adorno als den manipulativen Charakter. Der manipulative Charakter ist nicht fähig, menschliche Erfahrungen zu machen, er neigt zu Emotionslosigkeit. Adorno findet es nötig diesen manipulativen Charakter zu untersuchen, da er nicht nur für Auschwitz typisch ist, sondern auch im normalen Alltag sehr verbreitet ist. Nach Adorno könnten diese Menschentypen als ‚Typen des verdinglichten Bewusstseins' (vgl. Adorno 1:1971, S. 98) bezeichnet werden. Um der Wiederholung von Auschwitz entgegen zu wirken, wäre nach Adorno die Aufgabe der Bildung, mehr Wissen über den manipulativen Charakter zu gewinnen. Am wichtigsten ist, seine Entstehung zu untersuchen. Wenn die Bedingungen für die Entstehung des manipulativen Charakters bekannt sind, können daraus praktische Folgerungen gezogen werden, um zu verhindern, dass es nicht noch einmal so werde.

Adorno betrachtet das Verhältnis zur Technik im Zusammenhang mit dem verdinglichten Bewusstsein. Das Wesen der Technik ist doppeldeutig auslegbar. Einerseits sind die Menschen auf Technik eingestimmt. Andererseits halten die

Menschen Technik für eine Kraft mit eigenem Wesen und vergessen, dass sie nur ein Mittel zum Zweck ist. Der Zustand, dass die Menschen sich für Technik begeistern, ohne nachzudenken, wofür sie bestimmt ist, wird als Fetischisierung der Technik bezeichnet. Denn die bedenkenlose Begeisterung kann dazu führen, dass vergessen wird, dass Technik auch zur Tötung von Millionen von Menschen dienen kann[2].

Adorno sagt, dass es sich bei den Menschen, die Technik blind verehren, um Typen handelt, die nicht lieben können. Die Liebe zur Technik, zu Maschinen, ersetzt bei Menschen, die unter mangelnder Liebesfähigkeit leiden, die übrig gebliebene Liebe. Das alles ist mit der Zivilisation verbunden. Dagegen zu kämpfen scheint Adorno unmöglich, aber darauf einzugehen ist eine Aufgabe der Erziehung gegen Auschwitz.

Als Kälte sieht Adorno unser distanziertes Leben. In moderner Gesellschaft leben die Menschen isoliert voneinander. Sie versuchen mit eigener Wut, Aggression und Leid klarzukommen, so dass es zur Verfremdung der Menschen führt. Dadurch entfernen sie sich von wahren Werten wie Wärme und Liebe. Dabei ist Wärme aber kein Gegenbegriff zu Kälte. Die gesellschaftlichen Verhältnisse werden über wirtschaftlichen Kriterien analysiert. So wurde Wärme in der Welt des Tauschprinzips rationalisiert und ist damit zu einem Tauschgegenstand geworden. „Wahrscheinlich ist jene Wärme unter den Menschen [...] bis heute überhaupt noch nicht gewesen" (vgl. Adorno 1: 1971, S. 102), sagt Adorno. Daraus ist der Mangel an Liebe, der „ein Mangel *aller* Menschen ist, ohne Ausnahme, so wie sie heute existieren" (vgl. Adorno 1: 1971, S. 102) entstanden. Das ist eine Ideologie, die falsch gelegt wurde.

Laut Adorno sind die Menschen kalt und gleichgültig. Wenn es nicht so wäre, gäbe es Auschwitz nicht. Für die Gesellschaft sind nur eigene Interessen wichtig. Diese Interessen waren eine der Voraussetzungen für Auschwitz, nämlich „dass man seinen eigenen Vorteil vor allem anderen wahrnimmt und, um nur ja nicht sich zu gefährden, sich nicht den Mund verbrennt" (vgl. Adorno 1:1971, S. 101). Damit ist die Tendenz zu einer Marktgesellschaft zu erkennen, die die Menschen als Ware bzw. als Material sieht. Denn die Menschen werden zu Selbstkontrolle gezwungen und löschen

---

[2] Die Entstehung des Doppelseitigkeitsphänomen wird ebenfalls beim Sport beobachtet. „Überall dort, wo Bewusstsein verstümmelt ist, wird es in unfreier, zur Gewalttat neigender Gestalt auf den Körper und die Sphäre des Körperlichen zurückgeworfen" (vgl. Adorno 1:1971, S. 95). Der sportliche Wettstreit kann zwei charakteristische Ausprägungen haben: Einerseits fördert sportlicher Wettbewerb Ritterlichkeit, also Ideale wie fair play, andererseits kann er auch in manchen Menschen Aggressionen fördern. Deshalb muss im Bezug auf Bildung diese Doppelseitigkeit systematisch analysiert werden.

sich als selbstbestimmte Wesen aus. Es ist wie eine Gesellschaft, in der die kalte Instrumentalität herrscht.

Dass angesichts der Gesellschaft ein Mangel an Liebe vorliegt, kann als unbestritten gelten. Um eine Gesellschaft verändern zu können, muss bei der neuen, heranwachsenden Generation angesetzt werden. Denn sie bildet die künftige Gesellschaft. Daher muss vor allem den Kindern viel Liebe und Wärme gegeben werden. Die Kinder, die nichts von Grausamkeit des Lebens mitbekommen haben, sind erst recht der Barbarei ausgesetzt. Liebe kann auch nicht gefordert werden, da sie unmittelbar ist. Für die Erziehung wäre es sinnvoll, sich mit der ‚bürgerlichen Kälte‘ zu beschäftigen und nach den Gründen zu suchen, auf welche Art und Weise sie entsteht.

Bürgerliche Kälte kann, laut Adorno nur gebrochen werden, wenn von Anfang an Vernunft gelehrt und gelernt wird. Folglich ist ein zentrales Ziels der allgemeinen Aufklärung, jeden Menschen zum Gebrauch der eigenen Vernunft zu erziehen. Dieses Ziel impliziert, dass das Subjekt im Mittelpunkt stehen muss.

4. Wendung auf das Subjekt

Die Möglichkeiten, um die Voraussetzungen, die zu solchen ungeheuerlichen Ereignissen führten, zu verändern, sind sehr beschränkt. Daher ist laut Adorno die Wendung auf das Subjekt nötig. Damit ist gemeint, die Psyche der Menschen, die zu solchen Grausamkeiten fähig waren und die Mechanismen, die sie so werden ließen, zu erkennen. Nur dadurch ist die Wiederholung von Auschwitz zu vermeiden. Dem Menschen muss beigebracht werden mit Reflexion auf sich selbst, keinem etwas anzutun. In diesem Kontext stellt er es wie folgt heraus: „Erziehung wäre sinnvoll überhaupt als eine zu kritischer Selbstreflexion" (vgl. Adorno 1:1971, S. 90).

Laut Adorno hat sich die Erziehung auf zwei weitere Bereiche zu konzentrieren: Erstens den der Erziehung in der frühen Kindheit, da sich der Charakter schon in der Kindheit bildet, und zweitens den der allgemeinen Aufklärung. Die Aufgabe der allgemeinen Aufklärung ist die Schaffung eines „geistigen, kulturellen und gesellschaftlichen Klimas, das eine Wiederholung nicht zulässt" (vgl. Adorno 1:1971, S. 91). Die allgemeine Aufklärung soll den Menschen die Motive, die zu den Untaten geführt haben, einigermaßen bewusst machen.

Eines dieser Motive, auf die Adorno eingeht, ist der „autoritätsgläubige deutsche Geist" (vgl. Adorno 1:1971, S. 91). Er vermutet, dass in Deutschland der Faschismus sich leicht verbreiten konnte, da die alten Autoritäten zerfallen waren. Die Menschen waren zu diesem Zeitpunkt noch nicht bereit, ohne Autoritäten zu existieren. Dies ist darauf zurückzuführen, dass diese Generation mit Autoritätsidealen erzogen wurde. Adorno betont, dass die Wiederkehr von Auschwitz eine gesellschaftliche Frage ist. Deshalb sollte nach Adorno „der Abbau jeglicher Art von unerhellter Autorität vor allem in der frühkindlichen Erziehung eine der wichtigsten Voraussetzungen für eine Entbarbarisierung" sein (vgl. Adorno 2:1971, S. 131).

Adorno hält die gesellschaftlichen Bindungen, auch wenn sie etwas Gutes bewirken wollen, für sehr gefährlich, da sie von Menschen selbst subjektiv nicht erfahren worden sind. Die Bindungen unterdrücken das eigene Bewusstsein, bei Freud als ‚Ich' bezeichnet, indem sie das Gewissen, laut Freud das ‚Über Ich', ersetzen. Der Mensch ist nicht mehr frei, denn seine Meinung passt sich der Allgemeinheit an. Das kann entweder zu schlichter Gehorsamkeit führen, oder genau das Gegenteil dessen bewirken, was die Gesellschaft ursprünglich erreichen wollte. Das Alles ist durch die richtige Erziehung und zwar in der Kindheit zu vermeiden. Das Kind muss nämlich lernen, sein Gewissen, das „Über Ich", als oberste Autorität anzuerkennen. Ansonsten droht die Gefahr, dass das „Über Ich" durch Bindungen ersetzt wird und dem eigenen „Ich" Entscheidungen nimmt.

Adorno sagt: „Die einzige wahrhafte Kraft gegen das Prinzip von Auschwitz wäre Autonomie, wenn ich den Kantischen Ausdruck verwenden darf" (vgl. Adorno 1:1971, S. 93). Autonomie wäre, so Adorno, die Kraft zur Reflexion, zur Selbstbestimmung und zum Nicht-Mitmachen. Laut Brose ist das „Neinsagen und Ungehorsam gegen die Liquidierung des Einzelnen mit dessen Vernunftrechten und - möglichkeiten, dessen Sehnsucht nach Frieden und Gerechtigkeit, durch einen anonymen und undurchdringlichen gesellschaftlichen Apparat […] ein Hauptziel der Erziehung zur Mündigkeit im Sinn Adornos" (vgl. K. Brose, S. 1).

Der Typus von Auschwitz ist auf einer Seite durch die blinde Identifikation mit dem Kollektiv gekennzeichnet, auf anderer Seite versucht er wiederum, Massen, Kollektive zu manipulieren. Das Allerwichtigste gegenüber der Gefahr einer Wiederholung, so Adorno, ist Widerstand gegen die Kollektivierung, gegen die Liquidation des Individuums. Das heißt, die Bildung sollte den Verstand von einem Menschen dazu bringen, dass er selbst seine Autonomie über solche Kollektive setzt.

Das Kollektiv ist für die Wiederholung von Auschwitz insofern gefährlich, dass durch die Eingliederung in einem Kollektiv, die Menschen ihr eigenes Bewusstsein, ihre Identität verlieren. Die Volksitten wie z.b. die traditionelle Erziehung zur Disziplin durch Härte, so Adorno, sind typisch für den Nationalsozialismus. Die Menschen, die mit dieser Methode erzogen wurden, sind dem Schmerz gegenüber gleichgültig geworden und nehmen sich allzu leicht das Recht heraus auch Anderen weh zu tun. Das ist wie eine Rache für den Schmerz, den sie selbst verdrängen mussten. Die Erziehung, die Adorno fordert, muss mit dem Gedanken Ernst machen, „dass man die Angst nicht verdrängen soll" (vgl. Adorno 1:1971, S. 97). Dies ist gleichbedeutend damit, dass der Mensch seine Schwächen und Ängste akzeptieren soll und mit diesen umzugehen lernt.

Adorno geht auf einige Möglichkeiten der Bewusstmachung der subjektiven Mechanismen ein, die Auschwitz verursachten. Er hält die Kenntnisse von den Mechanismen, die das Bewusstsein eines Menschen blockieren, für sehr wichtig. Er sagt, dass ein Mensch in erster Linie verstehen muss, dass Auschwitz ohne Wenn und Aber eine Tat ungeheuerlichster Barbarei war. Derjenige, der nicht so denkt, ist ein potentieller Mitmacher, oder ein Zuschauer des Geschehens in dem Fall, wenn Auschwitz noch einmal geschieht. Adorno behauptet nicht, dass rationale Aufklärung alle unbewussten Mechanismen auflösen kann. Sie kann aber wenigstens in dem Vorbewusstsein ein Klima schaffen, mit dem für Auschwitz keine günstigen Bedingungen mehr geschaffen werden.

Eine demokratische Gesellschaft, so Adorno, verlangt mündige Menschen. Er hält fest: „Man kann sich verwirklichte Demokratie nur als Gesellschaft von Mündigen vorstellen [...]. Die Konkretisierung der Mündigkeit besteht darin, daß die paar Menschen, die dazu gesonnen sind, mit aller Energie darauf hinwirken, daß die Erziehung eine Erziehung zum Widerspruch und zum Widerstand ist" (vgl. Adorno 3:1971, S. 147). Diese Erziehung zur Mündigkeit betrachtet Adorno als Ausgangspunkt einer Erziehung zum Frieden. Das ist die Hauptthese allgemeiner Aufklärung, die die Wiederholung einer ähnlichen Katastrophe wie der von Auschwitz verhindern möchte.

5. Resümee

Bei den bisher vorgestellten Aufgaben der Erziehung sollten demnach folgende Aspekte beachtet werden. Erstens, die Erziehung des Einzelnen muss in möglichst frühkindlicher Phase anfangen. Zweitens, sie muss als selbstkritische Erziehung gestaltet werden. Denn nur ein zur Selbstreflexion fähiges Individuum kann die innere Stärke besitzen, dem gesellschaftlichen Druck standzuhalten. Aufgrund kritischer Selbstreflexion lernt der Mensch vernünftig zu sein und vernünftig zu handeln. Freies Denken ermöglicht nämlich dem Kollektiv zu widerstehen. Eine der wichtigsten Aufgaben laut Adornos Erziehung nach Auschwitz wäre demnach, sich als ein Teil der Gesellschaft anzusehen und sich dabei wie ein freies mündiges Individuum zu benehmen.

6. Literaturverzeichnis:

Adorno, Theodor W. (1971): Erziehung nach Auschwitz. In: Ders.: Erziehung zur Mündigkeit. Vorträge und Gespräche mit Hellmut Becker 1959 - 1969. Frankfurt/M. [S. 88 - 104].

Adorno, Theodor W. (1971): Erziehung zur Entbarbarisierung. In: Ders.: Erziehung zur Mündigkeit. Vorträge und Gespräche mit Hellmut Becker 1959 - 1969. Frankfurt/M. [S. 120 - 132].

Adorno, Theodor W. (1971): Erziehung zur Mündigkeit. In: Ders.: Erziehung zur Mündigkeit. Vorträge und Gespräche mit Hellmut Becker 1959 - 1969. Frankfurt/M. [S. 133 - 147].

Ahrens, Jörn (1998): Der Rückfall hat stattgefunden. Kritische Theorie der Gesellschaft nach Auschwitz. In: Auer, Dirk et al. (Hrsg.): Die Gesellschaftstheorie Adornos. Themen und Grundbegriffe. Darmstadt. [S. 41 - 60].

Brose, Karl: Erziehung zu Frieden und Mündigkeit. Ein Beitrag zu Kant und Adorno. Unter: www.uni-muenster.de/ReaCon/wuf/wf-89/8921100m.htm (Stand 07-03-2006).